사회는 쉽다!

★초등학교 교과서와 함께 봐요!

사회 4-1 1. 지역의 위치와 특성
사회 5-1 1. 국토와 우리 생활

안현경 글 · 우지현 그림

비룡소

차례

1 어디 사는지 보면 알아! 장소에 따라 달라지는 생활 모습

새 학기 내 자리는 어디? • 8   설호의 자리는 왜 문제일까? • 14
장소에 따라 사는 모습이 다르다고? • 16   설호가 도시에 살거나 농촌에 산다면 • 18
우리나라는 지구 어디에 있을까? • 20

더 알아보기 지리학, 어디에 어떻게 쓰일까? • 22
알쏭달쏭 낱말 사전 • 24   도전! 퀴즈 왕 • 26

2 지도로 보는 우리나라 위치를 말하는 여러 가지 방법

지도에서 우리나라를 찾아봐! • 28   바다에 둘러싸인 우리나라 • 30
우리 땅의 생김새를 알아봐! • 32   우리나라의 위치를 숫자로 표시하면 • 34
위도와 경도를 보면 알 수 있는 것 • 36   우리나라 주변에는 어떤 나라들이 있을까? • 38
얽히고설킨 우리나라와 북한의 관계 • 40

더 알아보기 세계의 시간이 시작되는 곳, 그리니치 천문대 • 42
알쏭달쏭 낱말 사전 • 44   도전! 퀴즈 왕 • 46

3 나라는 어떻게 만들어질까? 나라를 이루는 세 가지 조건

도전, 나만의 국가 만들기! · 48   국토를 확보하라! · 50   국토는 어떻게 정할까? · 52
유엔이 정한 국토의 기준 · 54   국토를 살 수도 있다고? · 56   국민을 모아라! · 58
국가가 되려면 국민이 얼마나 많아야 할까? · 60   같은 국민들끼리 싸우기도 해 · 62
주권을 지켜라! · 64

더 알아보기 하나의 땅, 두 개의 나라 · 66
알쏭달쏭 낱말 사전 · 68 도전! 퀴즈 왕 · 70

4 우리 국토에 대해 얼마나 아니? 우리나라의 영토, 영해, 영공

우리 국토는 어디부터 어디까지일까? · 72   우리가 지켜야 하는 땅, 영토 · 74
땅속 어디까지 우리 땅일까? · 76   영토는 변할 수 있어 · 78
우리가 지켜야 하는 바다, 영해 · 80   영해를 정하는 기준 · 82
우리가 지켜야 하는 하늘, 영공 · 84

더 알아보기 우리 영토 안의 다른 영토 · 86
알쏭달쏭 낱말 사전 · 88 도전! 퀴즈 왕 · 90

5 우리 땅과 역사를 지켜라! 독도 문제와 간도 문제

우리 땅 독도를 탐내는 일본 · 92   독도가 우리 땅인 이유를 말할 수 있어야 해! · 94
탐나는 건 독도 주변의 바다? · 96   독도를 지키기 위한 노력 · 98
우리 역사를 훔치려고 하는 중국 · 100   간도는 어떤 곳일까? · 102
아는 만큼 단단해지는 우리 국토와 주권 · 104

더 알아보기 사이버 외교관 반크 · 106
알쏭달쏭 낱말 사전 · 108 도전! 퀴즈 왕 · 110

① 어디 사는지 보면 알아!

장소에 따라 달라지는 생활 모습

설호의 자리는 왜 문제일까?

휴, 이번엔 무사히 넘어간 것 같지? 하지만 교실에서 가장 힘세고 사이 나쁜 찬이와 홍수 사이에 앉게 되었으니, 2학기 내내 설호의 학교생활이 만만치 않겠는걸.

그런데 설호는 왜 이런 골치 아픈 상황에 빠진 걸까? 바로 새 학기 들어 바뀐 자리 때문이야. 설호의 고민을 다시 한번 살펴볼까?

설호의 자리는 창가에서 가까운 편이야. 창밖 풍경을 보기에 좋지만, 운동장에서 나는 소리가 잘 들려서 산만해지기 쉽지. 또 앞에서 두 번째 줄이라 수업 시간에 집중하기에 좋아. 물론 졸거나 딴짓을 하면 선생님께 금방 들키겠지만.

주변에 누가 앉는지도 중요해. 설호는 툭하면 으르렁대는 찬이와 흥수 사이에 앉게 되었어. 방금도 찬이와 흥수의 힘겨루기에 끼는 바람에 설호가 아주 곤란한 상황에 빠졌잖아? 반장 가을이 덕분에 잘 넘어가긴 했지만 말이야.

그저 자리가 바뀐 것뿐인데 설호의 학교생활은 왜 이렇게 달라졌을까?

장소에 따라 사는 모습이 다르다고?

우리는 살고 있는 장소의 영향을 많이 받아. 반에서 어떤 자리에 앉느냐는 것뿐 아니라 어떤 동네, 어떤 지역, 어떤 나라에 살고 있느냐에 따라서 생활하는 모습이 달라지는 거야.

가족과 여행을 떠나 본 적 있지? 여행하는 곳이 어디냐에 따라서 사람들이 살아가는 모습이 다 다르지 않았니? 들이 넓은 곳에서는 농사를 짓고, 산지에서는 산나물이나 약초를 캐고, 바닷가에서는 물고기를 잡으며 살아가잖아.

이렇게 우리가 살아가는 장소와 그곳에서 살고 있는 사람들의 생활 모습을 연관 지어 생각하는 학문을 **지리학**이라고 해.

지구에는 여러 장소가 있고, 그 장소에 적응해 살아가는 사람들의 모습은 다 달라. 그래서 지리를 공부하면 우리가 사는 곳과 그곳에서 살아가는 사람들에 대해 더 잘 알 수 있단다.

설호가 도시에 살거나 농촌에 산다면

어디에 사는지에 따라 사람들의 생활 모습이 어떻게 달라지는지 구체적으로 한번 알아볼까?

먼저 설호가 도시에 산다고 생각해 보자. 도시에서는 보통 집 근처에 학교가 있어. 설호도 걸어서 학교에 가거나, 전철이나 버스로 한두 정거장 떨어진 학교에 다닐 거야. 학교 수업이 끝나면 학원에 가거나 게임방에서 친구들과 어울리겠지.

설호가 농촌에 산다면 어떨까? 아마 설호는 집에서 학교까지 오랫동안 버스를 타고 가야 할 거야. 농촌에는 도시만큼 학교가 많지 않아서 멀리 있는 학교에 다녀야 할 테니까. 물론 같은 농촌이라도 읍 같은 중심지에 산다면 도시에 사는 아이들과 생활 모습이 비슷할 거야.

농촌의 학교는 학생 수가 적은 편이어서 학년이 바뀌어도 설호는 홍수, 찬이와 같은 반이 될 가능성이 커. 하지만 도시의 학교는 학생 수가 많은 데다 전학도 많으니까 설호가 홍수, 찬이와 나란히 앉는 것은 이번 한 번뿐이기 쉬워.

우리나라는 지구 어디에 있을까?

학교, 집, 거리 등 우리에게 영향을 미치는 장소는 다양해. 그 중에서도 특히 중요한 것이 바로 나라야.

수많은 학교와 동네와 도시가 모여서 이루어진 나라는 우리 생활과 밀접한 관련이 있어. 우리나라가 지구의 어디에 있는지, 우리나라 주변에 어떤 나라들이 있고 그 나라들과의 관계는 어떤지, 땅 모양과 기후 같은 자연환경은 어떠하며, 얼마나 많은 사람이 살고, 어떤 산업이 발달했는지에 따라서 우리가 사는 모습이 크게 달라지는 거야. 밥을 먹고 공부를 하고 놀이를 하는 등 우리가 하는 모든 활동이 바로 나라에서 이루어지기 때문이지.

그래서 우리나라라는 장소에 대해 잘 알아 두는 게 중요해. 우리나라에 대해 안다는 것은, 나를 비롯해 우리나라에서 살아가는 사람들의 생각과 행동에 대해서 더 잘 이해할 수 있다는 뜻이니까.

더 알아보기

 ### 지리학, 어디에 어떻게 쓰일까?

땅의 기운을 읽는 풍수지리

옛날부터 우리나라 사람들은 집을 짓거나 무덤을 만들 때 좋은 자리를 골라야 한다고 생각했어. 집이 어느 방향을 향하는지, 그 땅이 어떤 모양을 하고 있는지에 따라 좋은 기운을 받을 수도 있고 나쁜 기운을 받을 수도 있다고 믿었거든. 또 돌아가신 조상님의 무덤을 어디에 만드느냐에 따라 자손들에게 오는 복이 달라진다고 생각했어. 이렇게 집을 짓거나 무덤을 만들 때 땅의 자리를 고려하는 것을 '풍수지리'라고 해.

풍수지리에서는 집을 짓거나 마을을 세우기에 좋은 땅을 '배산임수'라고 했어. 뒤에는 산이 있고, 앞으로는 강이 흐르는 곳이라는 뜻이지. 집 가까이에 강이 흐르면 논에 물을 대어 곡식을 거두기 좋고 다른 곳으로 이동하기에도 좋아. 또 집 뒤에 산이 있으면 적의 침입을 막기 좋은 데다, 밭농사를 짓거나 땔감을 얻는 데도 도움이 돼.

이렇게 우리 조상들은 어떤 땅에 사는지가 사람의 생활에 중요한 영향을 미친다는 것을 잘 알고 있었어.

지피에스, 나의 위치를 알려 줘!

가족들과 자동차를 타고 여행을 갈 때면 내비게이션을 켜. 그러면 작은 화면에 지도가 뜨고, 자동차의 위치와 가는 길을 안내해 주지. 이런 길 안내가 가능한 것은 위성 위치 확인 시스템, 즉 지피에스(GPS) 덕분이야.

지피에스는 인공위성을 이용해 위치를 알려 주는 시스템이야. 지구 주위를 돌고 있는 인공위성에서 정확한 위치를 알아내서 지피에스 수신 장치에 보내 주는 거지. 지피에스 덕분에 우리는 비행기, 배, 자동차 등의 위치를 파악할 수 있을 뿐 아니라 휴대폰을 이용해 친구가 어디에 있는지, 내가 있는 곳에서 가장 가까운 식당은 무엇인지, 몇 분 후에 버스가 정류장에 도착하는지 등을 손쉽게 알 수 있어. 이렇게 지리는 우리 생활 속에 점점 더 가까이 들어오고 있단다.

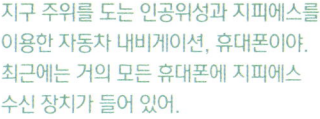
지구 주위를 도는 인공위성과 지피에스를 이용한 자동차 내비게이션, 휴대폰이야. 최근에는 거의 모든 휴대폰에 지피에스 수신 장치가 들어 있어.

휴대폰으로 맛집을 검색해 봐야지.

⭐ 알쏭달쏭 낱말 사전

기후

어떤 장소에서 오랜 기간 동안 나타난 기온, 눈, 비, 바람의 상태예요. 날씨와 기후는 비슷한 것 같지만 달라요. 날씨는 그날그날 일어나는 비, 구름, 바람, 기온의 변화이고 기후는 그런 날씨를 오래 관찰하여 평균을 낸 것이지요.

지구 온난화로 빙하가 녹아내리고 있어요. 지구 온난화는 최근 나타난 가장 큰 기후 변화예요. 환경 오염으로 지구의 온도가 점점 높아지면서, 사람과 동식물의 생활 환경이 바뀌고 있지요.

산지

들이 적고 산이 많은 곳이에요. 산지는 높은 곳에 있어서 여름에는 서늘하고, 겨울에는 춥고 눈이 많이 와요. 그래서 산지에서는 논농사보다 밭농사를 많이 지어요. 또 너른 목장에서 가축을 키우거나 숲에서 산나물과 약초를 캐고 버섯을 재배하기도 하지요.

산지는 쉼터로도 좋아요. 최근에는 산지의 스키장이나 삼림욕장을 찾는 사람들이 점점 늘어나고 있어요.

읍

우리나라의 지방 행정 구역 중 하나예요. 우리나라는 '특별시, 광역시, 도, 시, 군, 구, 읍, 면, 동, 이(리)'로 지역을 나누어요. 읍은 도시라고 불릴 수 있는 최소 행정 구역으로, 인구가 2만 명 이상 되어야 하지만 2만 명 미만인 경우도 있어요.

자연환경

우리를 둘러싸고 있는 환경 가운데 인간이 만들지 않은 산, 들, 강, 바다, 햇빛, 바람 등을 자연환경이라고 해요. 또 집, 학교, 공장, 논밭, 도로, 자동차처럼 인간이 만들어 낸 환경은 인문 환경이라고 해요.

왼쪽은 사람의 손길이 닿지 않은 자연환경인 숲이고, 아래쪽은 사람의 손으로 만든 인문 환경인 도시예요.

지리학

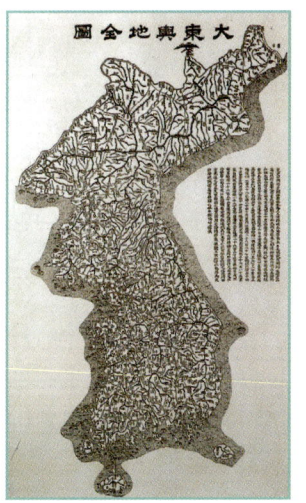

지구 곳곳의 지형, 기후, 자원, 식물, 토양 같은 자연의 모습과 도시, 촌락, 인구, 교통, 산업, 문화 같은 인간의 생활 모습을 함께 살펴봄으로써 사람들이 어떻게 환경에 적응해 살아가고 있는지를 연구하는 학문이에요.

지리학자 김정호가 1861년에 만든 「대동여지도」예요. 지도와 지리학은 떼려야 뗄 수 없는 관계예요. 지도는 우리가 사는 곳을 일정한 비율로 줄인 다음 땅의 모습을 약속한 기호를 사용하여 나타낸 그림이지요.

⭐ 도전! 퀴즈 왕

다음 내용을 잘 읽고 맞으면 ○, 틀리면 ✕를 표시하세요.

1. 우리가 살아가는 장소와 그곳에서 살고 있는 사람들의 생활 모습을 연관 지어 생각하는 학문을 '지리학'이라고 해요. (   )

2. 도시에 사는 사람들과 농촌에 사는 사람들은 생활 모습이 달라요. 도시에서는 집 근처에 학교가 없어서 버스를 타고 멀리까지 나가야 하지만, 농촌에서는 집 가까이에 학교가 있는 경우가 많아요. (   )

3. 우리나라가 지구의 어디에 있는지, 자연환경은 어떤지, 얼마나 많은 사람이 사는지, 어떤 산업이 발달했는지 등에 따라 우리의 사는 모습이 크게 달라져요.
(   )

4. 우리를 둘러싼 환경 가운데 산, 들, 강, 바다, 햇빛, 바람처럼 인간이 만들지 않은 것을 자연환경이라고 하고 집, 학교, 공장, 논밭, 도로, 자동차처럼 인간이 만들어 낸 환경을 인문 환경이라고 해요. (   )

정답 1.○ 2.✕ 3.○ 4.○

②
지도로 보는 우리나라

위치를 말하는 여러 가지 방법

지도에서 우리나라를 찾아봐!

우리나라는 어떻게 생겼고, 지구 어디에 있을까? 우리나라의 전체 모습을 한눈에 보기에 지도만큼 좋은 것도 없어. 지도는 실제 땅 모양을 일정한 비율로 줄여서 보여 주거든.

세계 지도에서 우리나라 대한민국은 유럽과 아시아를 아우르는 유라시아 대륙 동쪽에 있어. 북한과 닿아 있는 북쪽을 제외하면 동쪽, 서쪽, 남쪽 어느 곳에서든 바다로 나아갈 수 있지. 남북이 통일되면 유럽과 아시아 대륙으로 뻗어 나가기에도 좋은 위치야.

바다에 둘러싸인 우리나라

우리나라를 조금 더 가까이에서 볼까? 우리나라는 삼면이 바다로 둘러싸인 **반도**야. 한민족과 한국을 뜻하는 '한(韓)' 자를 붙여서 한반도라고 부르지.

우리나라가 반도인 것은 우리 생활에 어떤 영향을 미칠까? 먼저 날씨! 우리나라에 부는 바람은 계절에 따라 방향이 바뀌어. 겨울철 북서쪽에서 불어오는 바람은 육지를 지나와서 차고 건조해. 반면 여름에 동남쪽에서 불어오는 바람은 바다를 지나와서 습하지. 봄에 건조한 모래바람인 황사가 부는 것도 우리나라가 중국 북쪽에 있는 사막 가까이에 있기 때문이야.

또 우리나라에는 바다에서 나는 해산물을 이용한 요리가 풍부해. 생선의 살, 알, 창자 등을 소금에 절여 오래 먹을 수 있도록 만든 젓갈 같은 특별한 음식들도 많지.

삼면이 바다인 덕분에 우리나라는 오래전부터 바다를 통해 이웃 나라들과 물건을 사고팔거나 문화를 나누었어. 오늘날에도 우리나라의 항구에는 많은 나라의 배들이 오가며 물건을 실어 나르지.

우리 땅의 생김새를 알아봐!

우리나라는 세로가 가로보다 더 긴 편이야. 그래서 우리나라에서는 기후의 차이가 동서보다 남북으로 많이 나. 예를 들면 서울과 강릉의 기온 차이보다 서울과 제주도의 기온 차이가 더 크게 나는 거지.

또 우리나라는 산이 많은 것이 특징이야. 전체 국토의 70퍼센트가 산지인데, 높은 산은 주로 북쪽과 동쪽에 있고 서쪽과 남쪽에는 넓은 들이 펼쳐져 있어.

바다도 저마다 특색이 있어. 중국과 접한 서해는 바다가 얕고 밀물과 썰물의 차이가 커. 바다 빛깔이 탁해서 황해라고 부르기도 해. 서해와 남해는 해안선이 복잡하고 섬이 많아서 다도해라고도 불러. 반면에 동해는 바다가 깊고 푸르며 해안선이 단조로워.

이렇게 나라, 지역 같은 한 공간을 대륙, 산맥, 바다, 섬, 강 등의 모습으로 살펴본 것을 **지리적 위치**라고 해.

우리나라의 위치를 숫자로 표시하면

설호가 새로 바뀐 자리를 "앞에서 두 번째 줄, 창가에서 두 번째 자리"라고 말했던 거 기억나니? 이렇게 숫자로 표현한 위치를 **수리적 위치**라고 해.

수리적 위치는 위도와 경도로 표시해. 위도는 지구 한가운데에 있는 적도를 중심으로 남북으로 얼마나 떨어져 있는지를 나타내. 그리고 경도는 영국에 있는 그리니치 천문대에서 동서로 얼마나 떨어져 있는지를 나타내지.

위도와 경도는 모두 각도로 나타내. 우리나라 대한민국의 실제 수리적 위치는 북위 33도~39도, 동경 124도~132도야.

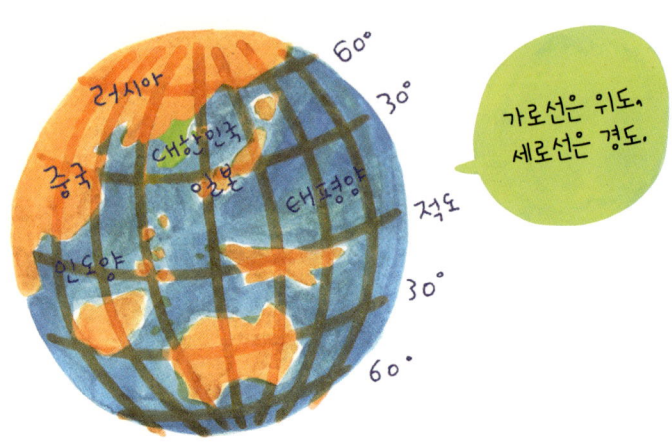

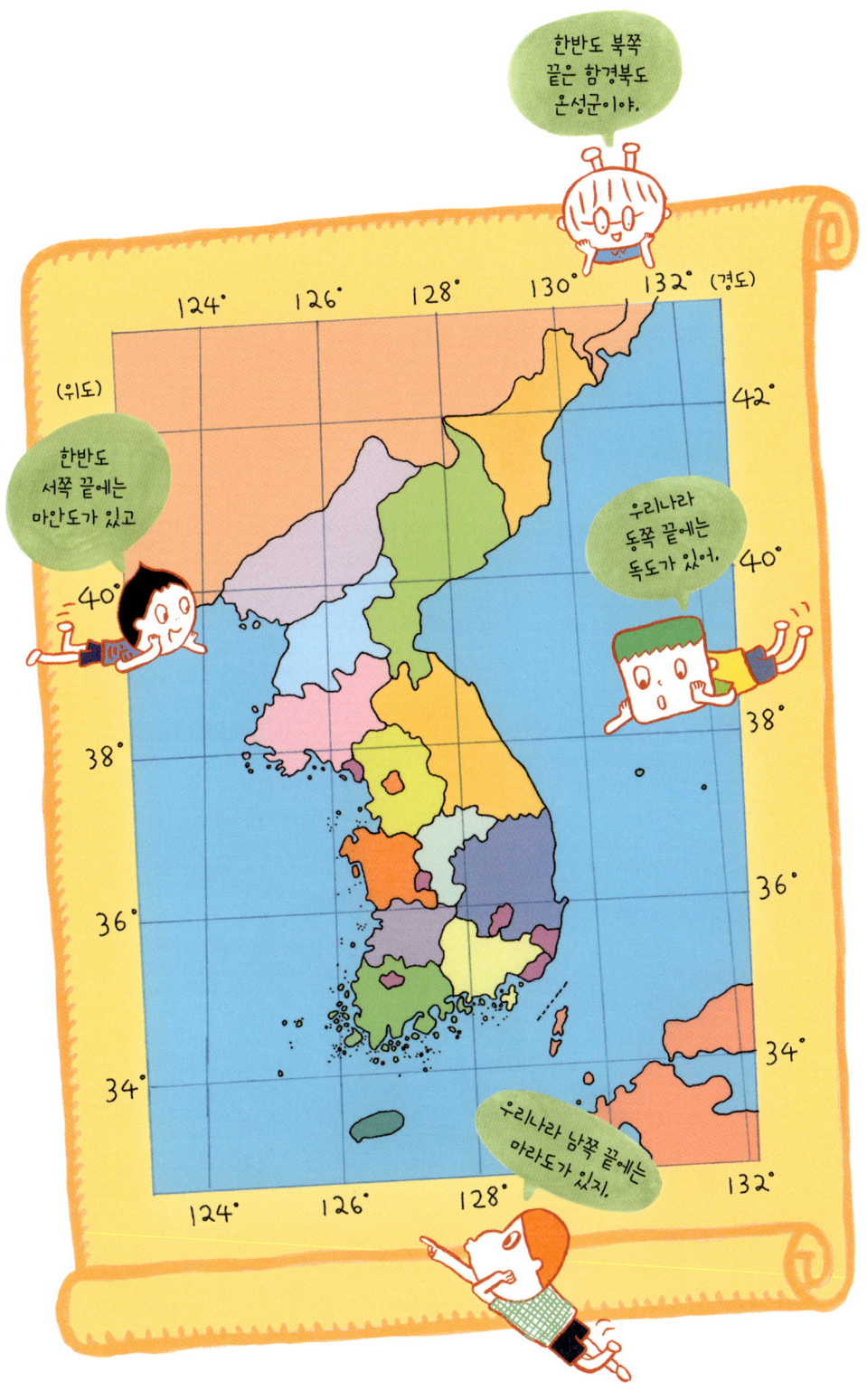

위도와 경도를 보면 알 수 있는 것

위도는 적도를 기준으로 남북으로 0도~90도로 나뉘어. 북쪽 부분의 위도를 '북위'라고 하고, 남쪽 부분의 위도를 '남위'라고 해.

위도를 보면 우리가 사는 곳이 얼마나 춥고 더운지 알 수 있어. 위도는 기준선인 적도에서 멀어질수록 높아지는데, 위도가 높을수록 춥고 낮을수록 더워. 적도 부근의 저위도 지방은 태양열을 많이 받고, 남극이나 북극 같은 고위도 지방은 태양열을 적게 받기 때문이야. 우리나라처럼 적도와 극지방 사이에 있는 중위도 지방은 너무 덥거나 춥지 않고, 사계절이 뚜렷해.

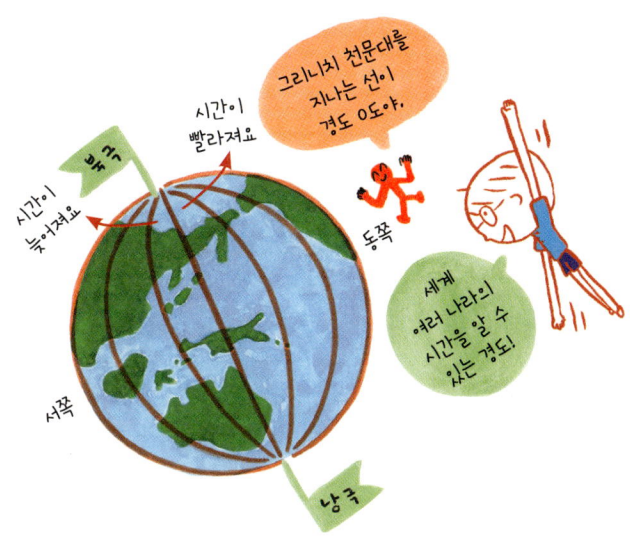

경도는 영국 그리니치 천문대를 기준으로 지구 둘레를 360도로 나눈 선이야. 그리니치 천문대에서 동쪽으로 180도까지를 '동경'이라고 하고 서쪽으로 180도까지를 '서경'이라고 해.

경도는 각 나라나 지방에서 쓰는 표준시를 정하는 기준이야. 우리나라 국토 중심은 동경 127도 30분이지만, 효율성을 고려해 표준시는 동경 135도를 기준으로 하고 있어. 나라가 넓은 중국은 네 개의 시간대에 걸쳐 있지만 수도인 베이징을 기준으로 한 하나의 표준시를 써.

하지만 한 나라 안에서도 지역에 따라 시간이 다른 나라도 있어. 러시아는 11개의 표준시를 사용하기 때문에 나라의 동쪽 끝과 서쪽 끝이 10시간이나 차이가 나지.

우리나라 주변에는 어떤 나라들이 있을까?

이번에는 우리나라의 관계적 위치에 대해 알아보자. 우리나라 주변에 어떤 나라가 있는지, 그 나라들과 우리나라의 관계가 어떤지 살펴보는 것을 **관계적 위치**라고 해. 관계적 위치는 지리적 위치나 수리적 위치와 달리 주변의 정치, 경제 상황에 따라 달라질 수 있어.

나라 사이의 관계에서 가장 중요한 건 나라의 힘, 즉 **국력**이야. 주변 나라와 좋은 관계를 유지하려면 국력이 세야 해.

그런데 이런! 우리나라 주위에는 힘센 나라들만 잔뜩 있어. 먼저 중국은 14억 명이 넘는 인구와 세계에서 네 번째로 넓은 땅덩이를 자랑하는 나라야. 우리나라와 중국은 옛날부터 밀접한 관계를 맺어 왔어. 중국이 여러 나라로 쪼개져서 힘이 약할 때는 우리나라가 중국 쪽으로 땅을 넓혔고, 거꾸로 우리나라의 힘이 약할 때는 중국이 우리나라로 쳐들어왔지.

바다 건너 일본은 110여 년 전 우리나라를 강제로 빼앗아 식민지로 삼았어. 지금도 우리 땅 독도가 자기네 땅이라고 억지를 부리는 등 우리와는 가깝고도 먼 나라야.

태평양 너머 미국은 군사적, 경제적으로 세계에서 가장 힘이 센 나라 중 하나야. 미국이 사용하는 돈인 '달러'는 우리나라 경제에도 중요한 영향을 미쳐.

얽히고설킨 우리나라와 북한의 관계

중국, 일본, 미국도 중요하지만 우리나라와 가장 중요한 관계에 있는 건 바로 북한이야. 북한은 우리나라를 비롯한 주변 나라들에게 때로는 사이좋게 지내자고 하고, 때로는 무시무시한 미사일을 만들었다며 위협하고 있어.

그럴 때마다 중국과 미국은 북한과 우리나라를 사이에 두고 한바탕 기 싸움을 벌여. 미국은 중국의 인구와 자원, 땅덩이, 전 세계에 미치는 힘을 무지 신경 쓰고 있거든. 또 일본은 북한을 핑계로 군사력을 키우려고 하고 있어. 우리나라와 북한을 둘러싼 미국, 중국, 일본의 관계는 찬이와 홍수 사이에 끼어 있는 설호보다 더 복잡하게 얽히고설켜 있는 셈이야.

이렇게 지리는 한 나라의 정치와 다른 나라와의 관계에도 큰 영향을 미쳐.

더 알아보기

세계의 시간이 시작되는 곳, 그리니치 천문대

왜 나라마다 시간이 다를까?

나라와 나라 사이뿐 아니라 러시아처럼 땅이 넓은 나라에서는 같은 나라 안에서도 시간에 차이가 생겨. 왜 이런 일이 일어날까?

그건 바로 지구가 하루에 한 번씩 스스로 돌기 때문이야. 지구의 한쪽이 아침일 때 반대쪽은 밤이 되는 것도 그래서이지.

이렇게 세계 각 지역마다 해가 뜨고 지는 때가 다르다 보니 여러 개의 시간이 필요해. 전 세계 사람들이 하나의 시계에 맞춰서 생활한다면, 어느 지역에서는 밤 9시에 학교에 가야 할 수도 있기 때문이야.

그렇다면 세계 여러 곳의 시각은 어떻게 결정될까? 지구의 한 바퀴는 360도야. 즉 지구는 1시간에 15도씩 돌아서 24시간 만에 한 바퀴를 돌게 돼. 그래서 세계 시간은 경도 15도마다 1시간씩 달라져.

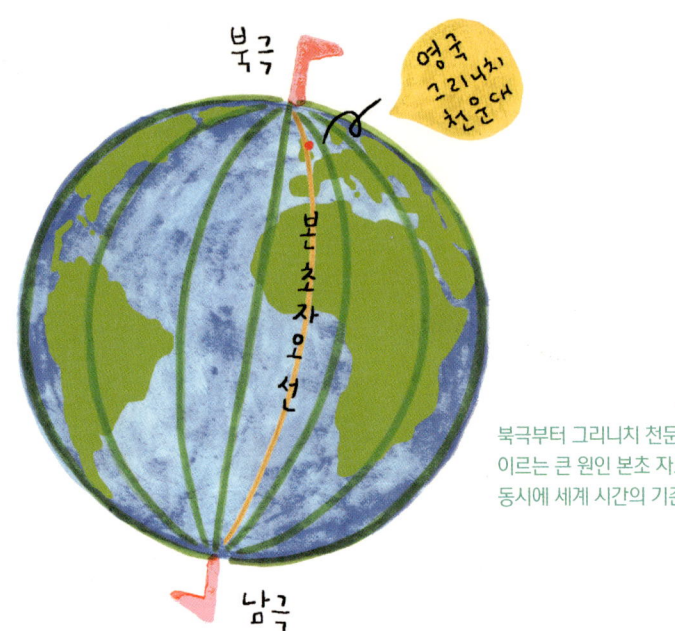

북극부터 그리니치 천문대를 지나 남극에 이르는 큰 원인 본초 자오선은 경도의 기준인 동시에 세계 시간의 기준이야.

세계의 시간을 정하다

1884년 미국의 수도 워싱턴에 20여 개 나라의 대표가 모여 회의를 열었어. 교통의 발전으로 사람들이 여러 도시와 나라를 자유롭게 오가게 되면서 도시마다, 나라마다 시간이 달라 생기는 불편을 없애기 위해서였지.
각 나라의 대표들은 영국 그리니치 천문대를 기준으로 세계의 시간을 24개로 나누었어. 그래서 세계의 시간은 그리니치 천문대에서 동쪽으로 15도씩 갈수록 1시간씩 빨라지고, 서쪽으로 15도씩 갈수록 1시간씩 늦어져.
본초 자오선의 정반대에는 날짜 변경선이 있어. 경도 180도를 지나는 선인 날짜 변경선을 기준으로 서쪽으로 가면 하루를 더하고, 동쪽으로 가면 하루를 빼.
예를 들어 월요일 낮 12시에 서쪽 방향으로 여행하기 시작해서 정확히 24시간 만에 지구를 한 바퀴 돈다면 화요일 낮 12시가 돼. 반대로 동쪽으로 24시간 동안 지구를 한 바퀴 돌면 일요일 낮 12시가 되지.

이게 그리니치 천문대를 지나는 본초 자오선?

그리니치 천문대는 1675년 런던 교외에 있는 그리니치에 처음 세워졌어.
현재의 그리니치 천문대는 런던 해사 박물관 내에 새로 세워진 거야.
지금도 많은 관광객들이 세계의 시간이 시작되는 그리니치 천문대를 찾고 있어.

⭐ 알쏭달쏭 낱말 사전

고랭지 농업

여름에도 서늘한 산 위나 높은 언덕에서 배추, 무, 감자 같은 채소를 심어 가꾸는 것이에요. 강원특별자치도 대관령 등지에서는 여름에도 기온이 25도 이상 올라가지 않아 높은 기온에서 자라기 어려운 배추나 무를 키우기 좋아요.

고랭지 농업으로 키운 채소는 평야 지대의 채소와 시장에 나오는 시기가 달라서 좋은 값을 받을 수 있어요.

대륙

지구에 있는 넓은 땅덩어리의 육지예요. 보통 아시아, 아프리카, 유럽, 북아메리카, 남아메리카, 오세아니아를 대륙이라고 불러요. 유럽과 아시아를 하나로 묶어 부르는 유라시아는 전 세계 육지의 약 40퍼센트를 차지해요.

밀물과 썰물

바닷가에서는 하루에 두 번 물이 들어오고 나가요. 이때 바닷물이 육지 쪽으로 들어오는 것을 '밀물', 바다 쪽으로 빠지는 것을 '썰물'이라고 해요. 바닷가에서 생활하는 사람들은 밀물과 썰물 때를 이용하여 큰 배를 항구로 들여오거나, 갯벌에서 조개를 캐고 낙지를 잡아요.

썰물 때 바닷물이 빠져나간 항구의 모습이에요.

산맥

여러 개의 산이 줄을 선 것처럼 연결된 것이에요. 우리나라는 동쪽이 서쪽보다 높은데, 등줄기 산맥인 태백산맥이 동해안 쪽에 높이 솟아 있기 때문이에요.

태백산맥의 가장 높은 봉우리인 설악산이에요. 설악산 외에도 금강산, 태백산, 오대산 등이 태백산맥에 속해요.

표준시

각 나라나 지방에서 쓰는 표준 시각이에요. 경도 15도마다 1시간씩 시간대가 달라지는데 우리나라보다 동쪽으로 가면 시간이 빨라지고, 서쪽으로 가면 시간이 늦어져요. 예를 들어 우리나라가 오후 3시일 때, 우리나라에서 동쪽으로 경도 15도 떨어진 시간대인 오스트레일리아 시드니는 오후 4시이고, 우리나라에서 서쪽으로 경도 15도 떨어진 시간대에 속한 중국 베이징은 오후 2시예요.

⭐ 도전! 퀴즈 왕

다음 내용을 잘 읽고 빈칸에 알맞은 단어를 써 보세요.

1. 세계 지도에서 우리나라는 _____ 과 _____ 를 아우르는 유라시아 대륙 동쪽에 있어요.

2. 우리나라는 삼면이 바다로 둘러싸인 _____ 예요.

3. 우리나라는 세로가 가로보다 더 긴 편이에요. 그래서 우리나라에서는 기후의 차이가 _____ 보다 _____ 으로 많이 나지요.

4. _____ 는 우리가 사는 곳이 얼마나 춥고 더운지를 알려 주고, _____ 는 표준시를 정하는 기준으로 사용돼요.

5. _____ 은 우리나라를 비롯한 주변 나라들에게 때로는 사이좋게 지내자고 하고, 때로는 미사일을 쏘겠다며 위협해요.

정답: 1. 유럽, 아시아 2. 반도 3. 동서, 남북 4. 위도, 경도 5. 북한

③

나라는 어떻게 만들어질까?

나라를 이루는 세 가지 조건

도전, 나만의 국가 만들기!

지금까지 지리적, 관계적, 수리적 위치로 우리나라를 살펴봤어. 그런데 문득 궁금해지는 게 있어. 땅만 있으면 다 나라, 그러니까 '국가'라고 할 수 있을까?

질문에 대한 답을 말하기 전에 먼저 아래 퀴즈부터 풀어 봐.

와, 설호의 실력이 대단한데! 맞았어, 국가의 땅인 국토! 국가에 속한 국민! 마지막으로 국토와 국민을 다스리고 지킬 수 있는 힘인 주권! 국가는 이렇게 국토, 국민, 주권으로 이루어져.

흠, 설호가 생각하는 것처럼 국가를 만드는 일이 간단할까? 정말 그런지 어디 한번 국가를 만들어 볼래? 생각만 해 보는 건데 뭐 어때? 지금부터 국토, 국민, 주권을 갖춘 진짜 국가를 만들어 보자고!

국토를 확보하라!

국가를 만들려면 맨 먼저 필요한 것이 바로 국토, 즉 땅이야. 국토는 나라를 나누는 기준이거든.

설호는 자기네 집을 국토로 삼아 설호국을 세웠어. 이제 집 밖을 나서는 순간, 설호는 대한민국이라는 다른 국가의 허가를 받아야 해. 한 나라의 국민이 다른 나라로 들어갈 때는 그 나라의 허락을 받아야 하거든. 다른 나라에서 받은 그 나라의 입국 허가서를 '비자(visa)'라고 하는데, 자주 오가는 나라들끼리는 비자 없이 다닐 수 있도록 약속하기도 해.

국가를 세우는 데 국토의 크기는 중요하지 않아. 하지만 국토가 너무 좁아서 필요한 것이 있을 때마다 다른 나라에 가서 구해야 한다면 무척 힘들 거야.

예를 들어 설호국에는 학교가 없으니까 설호는 대한민국의 학교에 다녀야 해. 병원도 없어서 아플 때마다 대한민국의 허락을 받고 대한민국의 병원에 가야 하지. 그럴 때마다 설호는 대한민국 사람들보다 돈을 더 많이 내거나 더 오래 기다려야 할 수도 있어. 대한민국 국민이 아니기 때문에 대한민국 국민이 누리는 혜택을 받을 수 없거든.

국토는 어떻게 정할까?

오늘날 세계의 모든 땅은 한 국가의 국토야. 바다 한가운데 떠 있는 아주 조그만 섬까지도 말이야.

어떤 국가의 국토가 아닌 드넓은 땅이 딱 하나 있는데, 바로 남극 대륙이야. 세계 여러 나라들이 남극 대륙을 어느 한 나라의 땅으로 정하지 않기로 약속한 덕분이지. 지금 남극에는 두꺼운 얼음 밑에 숨겨진 지구의 역사와 남극의 환경을 공부하러 온 전 세계 사람들이 함께 살고 있어.

하지만 옛날에는 전쟁을 통해 나라 간의 국토가 결정되는 일이 많았어. 오래전 왕들은 "큰 강 근처의 농작물이 잘 자라는 기름진 땅을 차지해야 해.", "배를 타고 다른 나라로 가기에 좋은 땅이 필요해.", "저 높은 산을 국토로 삼으면 다른 나라의 침략으로부터 나라를 지키기 좋을 거야!" 하며 다른 나라와 전쟁을 벌이곤 했어.

최근까지도 나라들 사이에는 더 넓고 좋은 땅을 차지하기 위한 전쟁이 끊이지 않고 있어. 그래도 예전만큼 심하진 않아. 지금으로부터 수십여 년 전 여러 국가의 대표들이 모여 평화적으로 국토의 경계를 정하는 기준을 만들었거든.

유엔이 정한 국토의 기준

　1900년대 초부터 약 40여 년 간 국가 간에 더 많은 국토를 차지하기 위한 전쟁이 세계 곳곳에서 벌어졌어. 제1, 2차 세계 대전이라고 불리는 이 전쟁으로 인해 엄청나게 많은 사람들이 목숨을 잃었지. 그러자 여러 나라들이 모여 국가 간에 일어나는 싸움을 평화롭게 해결하는 기구를 만들었어. 그게 바로 국제 연합, 즉 유엔(UN)이야. 오늘날에는 전 세계 190여 개 국가가 유엔에 가입돼 있어. 물론 우리나라도 유엔 가입국이야!

유엔에 가입한 나라들은 유엔이 만든 국제 연합 헌장을 지켜야 해. 국제 연합 헌장은 한 나라가 다른 나라에 정당한 이유 없이 쳐들어가서는 안 된다는 나라 간의 약속이야.

유엔은 국가 간 국토의 경계 기준도 정했어. 어디부터 어디까지가 어느 나라 땅인지, 바다에서는 어떻게 국토의 경계를 정할 것인지를 정한 거야. 또 국가 간에 싸움이 일어났을 때 잘잘못을 가리는 국제 사법 재판소도 만들었어.

이와 함께 유엔이 하는 가장 중요한 일 가운데 하나가 바로 국가를 인정하는 일이야. 국토와 국민을 갖고 주권을 주장하는 나라들을 잘 살펴보고 국가로 인정할 것인지를 판단하는 거지.

국토를 살 수도 있다고?

흔한 일은 아니지만 국가끼리 국토를 팔거나 빌리기도 해. 1867년 미국은 러시아에 720만 달러를 주고 지금의 알래스카주를 샀어. 그때만 해도 많은 사람들이 알래스카가 춥고 쓸모없는 땅이라고 생각했대. 하지만 사실 알래스카에는 석유, 석탄, 철 등 어마어마한 지하자원들이 묻혀 있었어. 1897년 금광이 발견되었고, 석탄은 묻혀 있는 양이 세계 1위에 달하지. 지금 알래스카의 가치는 수조 달러에 이른대.

그런가 하면 1898년, 영국은 중국 청나라로부터 홍콩을 99년 동안 빌렸어. 99년이 지나 1997년에 영국이 중국에 홍콩을 돌려주기 전까지, 홍콩은 중국 땅이면서도 영국의 통치를 받는 곳이었어. 이렇게 기간을 정해 놓고 국토를 빌리는 것을 '조차'라고 해.

국민을 모아라!

국가를 세우기 위한 두 번째 조건은 바로 **국민**이야.

국민들은 주로 국토 안에 모여 살면서 국가가 정한 규칙을 지키고 국가로부터 여러 가지 보호를 받아. 국가를 운영하는 데 필요한 세금을 내고, 국토를 지키는 일도 하지.

국민의 자격을 **국적**이라고 하는데, 국적을 얻는 조건은 나라마다 다 달라. 우리나라에서는 엄마 아빠가 대한민국 국민이면 태어나는 아이도 대한민국 국민이야.

하지만 미국이나 영국에서는 아이가 어디에서 태어났는지가 중요해. 미국, 영국 국토에서 태어나야만 미국이나 영국 국적을 가질 수 있지.

만약 대한민국 국민이 미국에서 아이를 낳으면 어떻게 될까? 엄마 아빠가 대한민국 국민이니까 대한민국 국적을 얻을 수 있어. 또 미국 국토에서 태어났으니까 미국 국적도 얻을 수 있지. 이런 경우 어른이 되면 두 개의 국적 중 하나를 포기하거나 우리나라에서 외국 국적을 행사하지 않겠다는 뜻을 정해진 절차에 따라 서약해야 해.

국가가 되려면 국민이 얼마나 많아야 할까?

　국가가 되는 데 얼마나 많은 국민이 있어야 하는지 정해진 기준은 없어.

　가장 국민이 적은 국가는 이탈리아 로마에 있는 바티칸 시국이야. 바티칸 시국은 0.44제곱킬로미터 크기의 국토에 국민이 1천 명도 되지 않아. 반대로 가장 인구가 많은 나라는 중국인데, 무려 14억 명이 넘는 국민이 있어.

　대한민국 국민은 5천만 명쯤 돼. 하지만 새로 태어나는 아이 수가 적어서 앞으로는 인구가 줄어들 거라고 걱정하고 있지.

국민의 수가 적어도 국가를 세울 수는 있지만, 국민이 많으면 살아가는 데 필요한 물건이나 재료들이 더 쉽게 모여. 예를 들어 중국에는 세계 여러 나라의 회사들이 많이 모여 있어. '14억 명의 국민 중에서 1천만 명만 우리 물건을 사 줘도!' 하고 생각하기 때문이야.

국민이 많으면 세금을 조금씩만 거둬도 큰돈이 돼. 그러면 국민을 위한 공공시설을 짓고 복지 제도를 마련하기에 좋아. 또 국민이 많은 만큼 다양한 재주를 가진 사람도 많지. 하지만 국가가 많은 국민을 잘 돌보고 교육시켜야 한다는 숙제도 있어.

같은 국민들끼리 싸우기도 해

　국민이 많다고 다 좋은 건 아니야. 같은 국민들끼리도 인종이나 민족, 언어, 종교가 다르다는 이유로 싸울 수 있거든.

　인도와 파키스탄은 원래 한 나라였어. 그런데 1947년 인도가 영국의 식민 지배에서 벗어나 독립할 때, 파키스탄도 인도에서 떨어져 나왔어. 인도 국민들은 대부분 힌두교를 믿는데, 파키스탄에는 이슬람교를 믿는 사람들이 많이 살았거든.

　문제는 카슈미르라는 지역이었어. 이곳에는 이슬람교를 믿는 사람들이 많이 살았는데, 카슈미르가 인도의 국토로 남자 카슈미르가 파키스탄에 합쳐지거나 독립해야 한다고 주장했어.

　결국 1947년 인도와 파키스탄은 카슈미르 지역에서 전쟁을 벌였고, 카슈미르는 인도가 지배하는 곳과 파키스탄이 지배하는 곳으로 쪼개지고 말았어.

　이렇게 한 국가 안에서 같은 국민들끼리 전쟁을 벌이는 것을 **내전**이라고 해. 카슈미르뿐 아니라 중앙아시아의 시리아, 아프리카의 소말리아 등 전 세계 곳곳에서 수많은 내전이 벌어졌어.

주권을 지켜라!

국토를 확보하고 국민들을 모았다면 이제 어떻게 국가를 운영할지 정해야 해.

설호국을 다스릴 사람을 어떻게 뽑을지, 국적은 어떻게 정하고, 세금은 어떤 방법으로 걷어서 어디에 쓸지, 설호국 국민들이라면 모두 따라야 하는 국가의 중요한 원칙들을 정하는 거야.

이렇게 다른 나라의 간섭을 받지 않고 국민이 나라의 중요한 일을 스스로 결정할 수 있는 힘을 **주권**이라고 해.

　주권은 한 국가가 독립된 나라로서 다른 나라와의 관계에서 당당히 제 역할을 할 수 있는 바탕이기도 해. 110여 년 전, 우리나라가 일본의 식민 지배를 받던 때에도 우리 땅에는 우리나라 사람들이 살았어. 국토와 국민은 있었던 거야. 하지만 나라의 일을 스스로 결정할 수 있는 주권을 잃었기 때문에 일본에 나라를 빼앗긴 채 식민지가 되고 말았지.

　우리 국민들은 주권을 되찾기 위해 독립운동을 펼쳤어. 그리고 오랜 노력 끝에 1945년 일본의 지배에서 벗어나 다시 주권을 행사할 수 있게 되었어. 주권이 얼마나 소중한지 알겠지?

더 알아보기

 하나의 땅, 두 개의 나라

　오래전 팔레스타인 땅에 살았던 유대인들은 1세기경 로마 제국에 의해 예루살렘이 파괴되자 세계 각지로 뿔뿔이 흩어졌어. 전 세계를 떠돌며 살던 유대인들은 숱한 어려움과 고통 속에서도 자신들만의 문화와 종교를 지키며 힘을 키웠어. 그리고 1948년 팔레스타인 땅에 이스라엘이라는 국가를 세우고 유엔의 인정을 받았어. 하지만 팔레스타인은 빈 땅이 아니었어. 유대인이 떠난 수천 년 동안 그곳에서 살아온 팔레스타인 사람들이 있었지.

이스라엘과 팔레스타인의 탄생

하루아침에 삶의 터전을 빼앗긴 팔레스타인 사람들은 이스라엘을 국가로 인정하지 않았고, 국토와 주권을 지키기 위해 주변 아라비아 국가들과 함께 이스라엘에 맞섰어.
하지만 이스라엘은 막강한 군사력을 바탕으로 팔레스타인 땅의 대부분을 차지하고, 난민이 된 팔레스타인 사람들을 가자 지구와 서안 지구로 내몰았어.
팔레스타인 사람들은 이에 굴하지 않고 1994년 자치 정부를 만들고 국가로 인정받기 위해 노력했어. 그리고 2012년 11월 29일, 팔레스타인이 유엔에서 국가로 인정받으면서 하나의 땅에 이스라엘과 팔레스타인 두 개의 나라가 존재하게 되었어.

이스라엘과 팔레스타인(가자 지구, 서안 지구)의 지도야.

팔레스타인과 이스라엘의 대립

이스라엘과 팔레스타인 사이에는 많은 문제가 있어. 대표적인 것이 이스라엘이 팔레스타인의 가자 지구와 서안 지구 사이에 설치해 유대인을 이주시키는 '유대인 정착촌'이야. 팔레스타인 곳곳에 섬처럼 들어선 정착촌과 정착촌을 촘촘하게 연결한 도로망, 그리고 도로 곳곳에 설치된 검문소와 장애물들은 가자 지구와 서안 지구를 여러 조각의 고립된 땅으로 만들어 버렸지.

서안 지구에 사는 팔레스타인 사람들을 막기 위해 세운 벽이야.

이에 반발한 팔레스타인 사람들이 격렬한 시위를 벌이고 미사일을 쏘는 등 무력 시위를 하면 이스라엘은 더 큰 보복으로 되갚는 일이 계속되고 있어. 이스라엘과 팔레스타인 사이의 문제를 해결하려면 무엇보다 하나의 땅 안에 두 나라가 존재한다는 현실을 인정하고 평화를 위해 함께 노력해야 해.

예루살렘 서쪽 성벽의 일부인 '통곡의 벽'이야. 유대인들과 팔레스타인 사람들은 이 벽을 두고도 오랫동안 다툼을 벌였어. 통곡의 벽은 유대인들에게는 이스라엘의 상징이고, 팔레스타인 사람들에게는 이슬람교에서 신성시하는 장소이기 때문이지.

⭐ 알쏭달쏭 낱말 사전

국제 연합(유엔)

제2차 세계 대전이 끝난 뒤 전쟁을 막고 세계 평화를 지키기 위해 만들어진 국제기구로 유엔(UN)이라고도 해요. 처음에 국제 연합의 회원국 수는 51개국에 불과했으나, 현재는 190여 개국이 가입되어 있어요. 우리나라는 1991년 북한과 함께 국제 연합에 가입했어요.

뉴욕에 있는 국제 연합 건물이에요.

소말리아

아프리카 동북부에 있는 나라 소말리아는 1991년부터 지금까지 줄곧 내전으로 몸살을 앓고 있어요. 사실 소말리아 내전의 씨앗은 식민지를 지배한 강대국에 의해 뿌려졌어요. 제2차 세계 대전이 끝나고 강대국들이 식민지를 떠나며 제멋대로 국경선을 긋는 바람에 종족 간 갈등의 불씨가 생겨났거든요. 소말리아를 세운 소말리족은 자신들이 흩어져 살던 다른 나라의 지역을 두고 주변 국가들과 자주 다투었지요. 그 후엔 소말리족 내부에서 서로 권력을 잡기 위해 내전이 벌어졌고, 수십만 명의 소말리아 사람들이 목숨을 잃고 굶주림에 내몰렸지요. 어떤 소말리아 사람들은 해적이 되어 소말리아 근처를 지나가는 배를 납치해 인질의 몸값을 요구하기도 했어요.

납치와 살인, 전쟁이 끊이지 않는 소말리아는 세계에서 가장 위험한 곳 중 하나예요.

이슬람교

600년대 초 아라비아의 예언자 무함마드가 오직 하나밖에 없는 유일신 알라의 가르침을 받아 만든 종교예요. 기독교, 불교와 함께 세계 3대 종교의 하나이지요. 이슬람은 '신에게 복종한다'는 뜻으로, 이슬람교도들은 무함마드가 전한 알라의 계시와 설교를 모은 『쿠란』의 가르침에 따라 살아요. 아시아, 아프리카, 유럽 등지에서 많은 사람들이 이슬람교를 믿지요.

사우디아라비아의 도시 메카는 이슬람교에서 가장 신성하게 생각하는 장소예요. 이슬람교도들은 매일 이곳을 향해 절하고, 일생에 한 번은 꼭 찾아가려고 해요.

힌두교

고대 인도에서 만들어진 힌두교는 세계에서 가장 오래된 종교 중 하나예요. 여러 신을 믿는 것이 특징인데 특히 우주를 창조한 브라흐마, 세계의 질서를 유지하는 비슈누, 파괴와 생식의 신인 시바를 높이 우러르지요. 인도에서 힌두교는 생활 방식, 문화, 관습 등과도 깊은 관계가 있어요. 예컨대 힌두교에서는 인도의 계급 제도인 카스트에 따른 의무를 충실히 지켜야만 구원받을 수 있다고 가르쳐요. 또 소는 시바 신이 타고 다니는 신성한 동물이기 때문에 힌두교도들은 소고기를 먹지 않지요.

힌두교도들은 인도 북부를 흐르는 갠지스강이 비슈누 신의 발뒤꿈치에서 흘러나온 물이라 생각해요. 그래서 갠지스강에서 목욕을 하면 그동안 지은 죄가 모두 씻긴다고 믿지요.

⭐ 도전! 퀴즈 왕

다음 중 국토, 국민, 주권에 대한 설명으로 바르지 않은 것을 고르세요.

❶ 비자는 다른 나라에서 받는 입국 허가서예요. 외국에 갈 때는 자주 오가는 나라라도 반드시 비자가 있어야 해요.

❷ 유엔은 국가 간에 일어나는 싸움을 평화롭게 조정하기 위해 만들어진 국제기구예요. 우리나라도 유엔 가입국이지요.

❸ 국민의 자격을 국적이라고 해요. 국적을 얻는 조건은 나라마다 다 달라요. 대한민국 국적을 얻으려면 대한민국 국토에서 태어나야만 해요.

❹ 같은 국민들끼리도 인종, 민족, 종교가 다르다는 이유로 싸울 수 있어요. 한 국가 안에서 같은 국민들끼리 벌이는 전쟁을 '내전'이라고 해요.

❺ 세계에서 가장 국민이 많은 나라는 이탈리아 로마에 있는 바티칸 시국이고, 가장 국민이 적은 나라는 중국이에요.

정답: ❶, ❸, ❺

④ 우리 국토에 대해 얼마나 아니?

우리나라의 영토, 영해, 영공

우리 국토는 어디부터 어디까지일까?

혹시 땅따먹기 놀이를 해 본 적 있니? 모래밭에 선을 그어 땅을 정해 놓은 다음, 돌조각을 퉁겨서 그 돌이 굴러간 만큼 땅을 차지하는 놀이 말이야. 땅따먹기 놀이를 할 때면 으레 다툼이 벌어져. "돌이 선 밖으로 나갔다.", "금을 잘못 그었다." 하면서 싸우는 거지.

비슷한 다툼이 국가 간에서도 벌어져. 국가들은 언제나 자기 나라에 유리한 이유를 대며 조금이라도 더 많은 땅을 차지하려고 하거든.

그래서 우리 국토의 경계에 대해 아는 것이 중요해. 우리 국토가 어디서부터 어디까지인지 알아야 누군가 그 경계를 넘어오려 할 때 금방 알아차리고 맞설 수 있을 거 아냐.

게다가 이제 국토의 경계는 땅 위에만 있지 않아. 과학 기술의 발전으로 국토의 범위가 더 넓어졌거든. 생각해 봐. 국토를 정하는 기준은 그 나라의 주권이 미치는 범위, 즉 우리나라가 다른 나라로부터 어디까지 주권을 지킬 수 있느냐 하는 거야. 그런데 지금은 땅뿐 아니라 바다와 하늘도 자유롭게 다닐 수 있게 되었잖아.

우리 주권이 미치는 땅, 바다, 하늘을 각각 영토, 영해, 영공이라고 해. 이제부터 우리가 지켜야 할 영토, 영해, 영공에 대해 알아보자.

우리가 지켜야 하는 땅, 영토

국가의 기본이 되는 법인 헌법을 보면 "대한민국의 **영토**는 한반도와 그에 딸린 크고 작은 섬으로 한다."고 되어 있어. 여기에 따르면 대한민국 영토의 크기는 한반도와 주변 섬들의 전체 넓이인 22만 3627제곱킬로미터야.

그런데 너도 알다시피 한반도 북쪽은 우리 마음대로 오갈 수가 없어. 일본의 식민 지배에서 벗어난 우리나라가 1948년 대한민국 정부를 세울 때, 북쪽에는 또 다른 정부가 만들어졌거든.

우리나라와 북한은 각각의 국토와 국민을 가지고 1991년 동시에 유엔에 가입해 국가로 인정을 받았어. 우리나라 헌법은 북한을 우리 영토로 보고 국가로 인정하지 않지만, 실질적으로 한반도 북쪽은 우리 주권이 미치지 못하는 땅이야.

따라서 대한민국의 실제 영토는 북한과의 영토 경계인 휴전선 아래 북위 33도~39도까지야. 영토의 크기는 10만 413제곱킬로미터쯤 되지.

땅속 어디까지 우리 땅일까?

지구는 둥그니까 계속 땅을 파다 보면 반대쪽이 나올 거야. 우리나라의 지구 반대편에는 어떤 나라가 있을까?

우리나라 서울에서 땅을 파서 지구 반대편으로 나가면 아마 아르헨티나의 부에노스아이레스나 우루과이의 몬테비데오가 나올 거야. 아니면 그 부근의 바다 어디쯤?

이렇게 지구 중심을 향해 선을 그었을 때 반대편에 해당하는 곳을 대척점이라고 해. 예컨대 북극의 대척점은 남극이야.

자, 여기서 퀴즈! 우리나라에서 땅을 파서 아르헨티나가 나오면 그곳은 우리나라 땅일까? 아르헨티나 땅일까?

아직은 지구 반대편까지 땅을 뚫을 수 있는 기술이 없기 때문에 이런 문제로 인한 다툼은 거의 없어. 지구의 중심은 굉장히 뜨거워서 반대편까지 땅을 뚫기가 어렵거든.

하지만 땅속 역시 우리가 지켜야 할 영토인 것만은 분명해. 땅속에 묻혀 있는 석유, 석탄, 철 같은 지하자원들은 우리 생활에 꼭 필요한 것들이니까.

영토는 변할 수 있어

　전쟁을 하지 않고도 자연환경을 개발해서 영토를 넓힐 수 있어. 유럽의 네덜란드는 전체 국토의 4분의 1이 바닷물의 표면보다 낮은 땅이야. 네덜란드는 이런 땅에 둑을 쌓아 바닷물이 들어오지 못하게 함으로써 영토를 넓혔어.

　우리나라도 서해안의 갯벌에 간척 사업을 해서 농사를 짓거나 공장을 세울 수 있는 땅으로 만들었어. 하지만 갯벌을 메워 땅을 넓히는 것이 과연 좋은 일이기만 한지는 생각해 볼 문제야. 갯벌은 오염된 물을 깨끗하게 만드는 데 중요한 역할을 하는 땅이거든. 또 간척 사업을 하는 과정에서 갯벌에 살던 수많은 생물들이 줄어들거나 사라지는 것도 큰 문제야.

　그런가 하면 자연환경의 변화로 영토가 점점 줄어들고 있는 나라도 있어. 남태평양의 작은 섬나라 투발루는 기후 변화로 남극과 북극의 빙하가 녹아내리면서 점점 바닷물에 잠기고 있어. 투발루는 국토의 가장 높은 곳이 바닷물 표면에서 3~4미터 정도 높이밖에 되지 않거든.

우리가 지켜야 하는 바다, 영해

바다를 항해하는 기술이 발달하면서 땅을 지키는 것만큼이나 바다를 지키는 것도 중요해졌어.

맨 처음 영해를 정할 때는 한 국가의 바다를 어디서부터 어디까지로 할 것인지에 대해 의견이 분분했어. 땅에서 보이는 곳까지로 하자거나, 하루 동안 항해해서 갈 수 있는 곳까지로 하자고도 했지. 그러다가 땅에서 대포를 쏘아 바다에 떠 있는 배를 맞힐 수 있는 거리만큼을 그 나라의 **영해**로 하기로 했어.

적의 배로부터 국토를 보호할 수 있는 만큼, 즉 실제로 주권을 지킬 수 있는 만큼의 바다를 영해로 하기로 한 거야. 이걸 '착탄 거리설'이라고 해.

문제는 기술이 발달하면서 이 거리가 점점 더 길어지고 있다는 거야. 더욱이 바닷속에 있는 풍부한 지하자원들이 알려지면서 영해는 점점 중요해지고 있어. 각 나라에서 허락 없이 자기 나라 영해를 침범한 배를 체포해 벌주는 일도 늘고 있지.

각 나라의 영해 밖의 바다는 공공의 영역이라는 뜻에서 공해라고 불러. 공해는 세계 모든 나라에 열려 있는 바다지.

영해를 정하는 기준

　오늘날 영해는 기선으로부터 12해리까지의 바다야. 해리는 바다 위를 재는 단위인데, 1해리가 1852미터야. 지도에서 위도 1도만큼 갈 때의 평균 거리이지.

　영해를 재는 기준선인 '기선'은 보통 해안선으로 해. 하지만 우리나라의 서해안과 남해안처럼 해안선이 복잡하고 섬이 많은 곳은 가장 바깥쪽의 섬을 직선으로 연결한 선을 기준으로 영해를 재. 또 밀물과 썰물 때 해안선이 달라지는 경우에는 바닷물이 빠져나간 썰물 때의 해안선을 기준으로 삼아.

영해는 기선으로부터 12해리까지의 바다야!

우리나라 동해안의 경우, 해안선이 단조롭고 섬이 많지 않아서 해안선으로부터 12해리가 영해야. 단, 육지에서 멀리 떨어진 제주도와 울릉도, 독도는 그 주위로 12해리의 영해를 두고 있어.

그런데 이런 기준을 적용하기 힘든 곳도 있어. 우리나라와 일본 규슈 사이의 좁고 긴 바다인 대한 해협은 가장 폭이 좁은 곳이 약 50킬로미터, 약 26해리 정도야. 그래서 우리나라와 일본은 각각 3해리씩 영해를 두고, 나머지는 공해로 정해서 배들이 자유롭게 지나다닐 수 있도록 하고 있어.

우리가 지켜야 하는 하늘, 영공

우리 국토는 하늘에도 있어. 우리나라의 주권이 미치는 하늘의 범위를 영공이라고 해.

영공은 최근에 생긴 국토야. 다른 나라의 전투기가 자유롭게 우리가 사는 땅 위로 날아 들어온다면 얼마나 위험하겠어? 그래서 1919년에 여러 나라들이 모여 영토와 영해 위에 있는 하늘을 영공으로 정했어.

그렇다면 우리 영토와 영해 위의 하늘은 저 멀리 우주까지도 다 우리 것일까? 여기에 대해서도 많은 의견이 있었지만, 지금은 보통 비행기들이 지나갈 때 사용하는 대기권까지를 그 나라의 영공으로 삼고 있어.

하지만 최근 들어 많은 나라들이 인공위성을 쏘아 올리면서 영공의 경계에 대한 다양한 의견들이 나오고 있어. 과학 기술이 발달할수록 국토의 경계도 더욱 커지는 거야.

더 알아보기

우리 영토 안의 다른 영토

대한민국 국토 안에 있는데도 대한민국의 주권이 닿지 않는 땅이 있어. 이런 곳을 **치외 법권 지역**이라고 해. '치외 법권'이란 외국인이 다른 나라에서 법을 어겼을 때 그 나라 법에 의해 처벌받는 것이 아니라, 자기 나라 법에 의해 처벌받는 특권을 말해.

예를 들어 다른 국가를 대표하는 기구인 대사관은 우리나라에 있지만 우리나라의 주권이 미치지 않는 치외 법권 지역이야. 텔레비전에서 다른 나라로 도망가려는 사람들이 대사관 벽을 넘는 것을 본 적 있지? 일단 대사관 안에 들어가면 우리나라 경찰이 더는 쫓을 수 없기 때문이야.

또 어떤 경우에 치외 법권이 적용될까? 각 나라를 대표해 온 외교 사절단에게는 치외 법권을 줌으로써 상대 나라에 예의를 표시해. 우리나라를 지켜 주기 위해 온 외국 군대에도 치외 법권이 적용돼. 국제 사법 재판소의 재판관이나 유엔 사무총장처럼 국제 평화를 위해 일하는 사람들에게도 어느 정도 치외 법권을 인정하고 있어.

⭐ 알쏭달쏭 낱말 사전

간척

육지와 닿은 바다나 호수의 일부를 둑으로 막고 그 안의 물을 빼내어 육지로 만드는 것이에요. 우리나라의 김제, 군산, 부안 일대에서는 새만금 간척 사업이 진행되었어요. 2010년에 완공된 방조제는 세계에서 가장 길어 기네스북에 올랐고 어마어마하게 넓은 땅이 생겼죠. 하지만 갯벌 파괴와 환경 오염 때문에 간척 사업에 반대하는 사람들도 많아요.

새만금 간척 사업은 수차례 공사가 중단되었어요. 여러 생물의 삶의 터전인 갯벌이 파괴되는 것을 걱정하는 많은 사람들이 새만금 간척 사업을 반대했지요.

공해

공공의 바다라는 뜻으로, 어느 나라에도 속하지 않는 바다예요. 기선으로부터 200해리 밖에 있는 공해에는 어느 나라의 국민이나 자유로이 드나들 수 있으며, 물고기를 잡는 등 어업 활동을 할 수 있어요.

연한 파랑색으로 표시된 부분은 각국의 영해이고 짙은 파란색으로 표시된 부분이 공해예요.

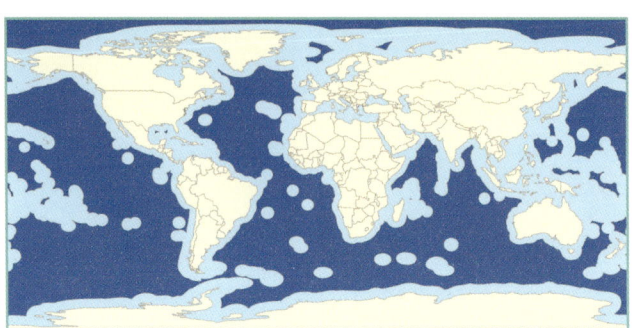

대기권

지구 주위를 둘러싸고 있는 공기를 '대기'라고 하고, 대기로 싸여 있는 공간을 '대기권'이라고 해요. 우리 주위의 공기는 지구 표면에서 멀어질수록 적어져서 지구 밖 우주로 나가면 거의 없어져요.

지구의 대기에는 사람과 동식물이 호흡하는 데 꼭 필요한 산소가 들어 있어요. 또 지구에서 내놓는 열을 흡수하고 태양 에너지를 걸러서 지구가 너무 춥거나 덥지 않도록 만들어 줘요.

인공위성

지구 둘레를 돌 수 있도록 로켓을 이용해 쏘아 올린 인공 장치예요. 인공위성은 우주의 변화와 여러 현상들을 관측하고, 태풍의 이동 경로와 비의 양 같은 날씨를 알려 주며, 다른 나라의 방송을 보고 휴대폰을 쓸 수 있게 해 줘요.

우리나라 최초의 인공위성인 우리별 1호예요. 1992년 8월 11일에 발사되었지요.

휴전선

한반도 한가운데에는 남한과 북한을 나누는 휴전선이 있어요. 1953년 7월 27일, 육이오 전쟁을 멈추기로 하고 만든 군사 경계선이지요. 휴전선을 기준으로 남북으로 2킬로미터 내에는 비무장 지대를 두어 군대가 머무르거나 무기를 두지 못하도록 하고 있어요.

비무장 지대는 70여 년간 사람들의 출입이 금지되었기 때문에 자연이 잘 보존되어 있어요.

⭐ 도전! 퀴즈 왕

우리나라의 영토, 영해, 영공에 대한 설명이에요. 자음만 보고 알맞은 단어를 맞혀 보세요.

1. 우리나라의 헌법에는 "대한민국의 영토는 ㅎㅂㄷ와 그에 딸린 크고 작은 섬으로 한다."라고 되어 있어요.

   ㅎㅂㄷ

2. 우리나라는 서해안의 갯벌에 ㄱㅊ ㅅㅇ을 해서 농사를 짓거나 공장을 세울 수 있는 땅으로 만들었어요.

   ㄱㅊ ㅅㅇ

3. 남태평양의 작은 섬 ㅌㅂㄹ는 지구 온난화로 점점 바닷물에 잠기고 있어요.

   ㅌㅂㄹ

4. 영해를 재는 기준선을 ㄱㅅ이라고 해요. 우리나라 서해안과 남해안처럼 해안선이 복잡하고 섬이 많은 곳은 가장 바깥쪽의 섬을 직선으로 연결한 선을 ㄱㅅ으로 삼아요.

   ㄱㅅ

정답: 1. 한반도 2. 간척 사업 3. 투발루 4. 기선

⑤ 우리 땅과 역사를 지켜라!

독도 문제와 간도 문제

우리 땅 독도를 탐내는 일본

이제 지금까지 배운 것들을 갖고 독도 문제를 살펴보자.

사실 일본이 독도를 자기네 땅이라고 주장하는 건 말도 안 되는 얘기야. 국토는 주권이 미치는 땅, 실제로 지킬 수 있는 땅인데 독도는 우리 국민들이 살고 우리 경찰이 지키는 우리 땅이거든.

그럼에도 일본이 독도를 자기네 땅이라고 우기는 건 왜일까? 그리고 우리는 그런 일본에 어떻게 맞서야 할까?

독도를 지키기 위해 일본과 전쟁을 벌여야 할까? 하지만 일본이 독도를 빼앗은 것도 아닌데 무작정 전쟁을 벌이는 건 좀 이상하지 않아?

그럼 '사람도 별로 살지 않는 작은 섬 하나쯤…….' 하고 일본에 독도를 양보해야 할까?

앞으로 자세히 살펴보겠지만 독도를 잃는다는 건 그 주변의 바다까지 다 잃는다는 뜻이야. 게다가 독도를 양보한다고 일본이 우리나라의 다른 땅을 또 탐내지 않는다는 보장도 없어.

그렇다면 주변 나라들과 힘을 합쳐서 일본에 맞서야 할까? 지금 일본은 우리나라뿐 아니라 러시아, 중국과도 영토 문제로 다투고 있으니까 힘을 모으기 좋지 않을까?

여기서 제일 먼저 해야 할 게 있어. 바로 독도를 두고 어떤 일이 있었는지, 독도가 왜 우리나라 땅인지 정확히 아는 거야. 그래야 일본의 주장이 잘못된 것임을 밝힐 수 있어.

독도가 우리 땅인 이유를 말할 수 있어야 해!

우리나라 동쪽 제일 끝에 있는 독도는 울릉도에서 동남쪽으로 87.4킬로미터 떨어져 있는 돌섬이야. 옛날 울릉도 사람들은 돌을 '독'이라고 불렀어. 그러니까 '독섬'이 지금의 '독도'가 된 거지.

독도는 동도와 서도라는 큰 섬 두 개와 그 주변의 크고 작은 바위들로 이루어져 있어. 동도에는 독도를 지키는 경찰인 독도 경비대가 있고, 서도에는 김신열 할머니가 독도 관리 사무소 직원들과 함께 살고 있어.

독도는 울릉도와 함께 신라 시대 때부터 우리나라의 국토였어. 512년 신라의 이사부 장군이 울릉도와 독도에 있던 우산국을 정복한 일은 『삼국사기』라는 역사책에도 나와.

조선 시대에는 동래에 살던 어부 안용복이 독도에서 일본 어부들을 쫓아내고, 일본으로 건너가 우리나라의 국토임을 확실히 했어. 이 일은 심지어 일본의 문서에도 남아 있단다.

탐나는 건 독도 주변의 바다?

왜 일본은 독도가 자기네 땅이라고 억지를 부리는 걸까?

바다에는 영해와는 별도로 경제 활동을 할 수 있는 바다의 경계가 정해져 있어. 한 나라의 영토에서 200해리까지는 그 나라만 물고기를 잡는 등의 어업 활동은 물론, 바닷속의 지하자원까지 관리하게 한 거야. 이것을 **배타적 경제 수역**이라고 해.

그런데 우리나라와 일본, 중국은 서로 너무 가까이 있어서 각각 200해리씩 배타적 경제 수역을 둘 수가 없어.

그래서 우리나라와 일본은 서로의 해안선에서 35해리 떨어진 곳부터를 중간 수역으로 정해 함께 관리하기로 했어. 중간 수역에서는 두 나라 모두 어업 활동을 할 수 있게 한 거지.

문제는 독도가 이 중간 수역에 포함되어 있다는 거야. 우리나라는 중간 수역이 어업 활동에 관한 것이기 때문에 영토 문제와는 관계가 없다고 생각해. 하지만 일본은 독도가 중간 수역에 있는 것을 빌미로 독도가 자기네 땅이라고 주장하고 있지. 더 많은 바다를 차지하기 위해 억지 주장을 하는 거야.

독도를 지키기 위한 노력

일본은 외국의 유명한 지도책이나 인터넷 지도에서 독도와 동해라는 이름을 빼도록 하고 있어. 또 독도 문제를 국제 사법 재판소에서 가리자고 주장하기도 해. 국가 간에 싸움이 났을 때 잘잘못을 가리는 국제 사법 재판소에서 독도 문제를 다룸으로써, 우리나라와 일본 사이에 영토 다툼이 있는 것처럼 보이게 하려는 속셈이지.

하지만 독도 문제를 국제 사법 재판소에서 가리는 건 말도 안 되는 일이야. 독도는 엄연히 우리 땅인 데다, 국제 사법 재판소가 언제나 공정하게 판결을 내리는 것도 아니거든. 또 국제 사법 재판소에서 독도가 우리 땅이라는 판결을 내린다 해도 일본이 그 판결에 따르지 않을 수도 있어.

그래서 우리나라는 일본과 괜한 시비에 휘말리기보다는 독도가 우리 땅이라는 것을 세계 사람들에게 알리는 데 많은 노력을 기울이고 있어. 외국의 주요 신문에 광고를 내거나, 여러 나라의 지도와 역사책에 독도와 관련된 내용이 잘못 쓰이지 않았는지 찾아보고 고쳐 쓰게 하는 거야. 또 국민들에게 독도가 지리적, 역사적으로 얼마나 중요한 곳인지를 알리는 것도 필요해. 독도에 대해 제대로 아는 것이야말로 독도를 지키는 첫걸음이니까.

우리 역사를 훔치려고 하는 중국

사실 독도보다 더 큰 문제는 간도야. 간도는 백두산 위쪽에 있는 땅인데, 남쪽은 두만강을 사이에 두고 북한과 접하고 동쪽은 러시아의 연해주에 접하고 있지. 간도라고 하면 우리가 흔히 '연변'이라고 부르는 옌볜 조선족 자치주에 해당하는 지역인 동간도를 의미하는 경우가 많아. 지금으로부터 100여 년 전 일본이 중국에 제멋대로 넘겨주는 바람에 중국 땅이 된 곳이야.

하지만 본래 이곳은 우리 조상들이 세운 나라인 고조선, 고구려, 발해가 있던 곳이란다. 일본에 나라를 빼앗겼던 일제 강점기에는 우리나라 사람들이 많이 옮겨 가 살아서 독립운동의 중심지가 되기도 했어.

그런데 2002년부터 중국은 고구려와 발해가 중국의 나라라는 말도 안 되는 주장을 펴기 시작했어. 고구려가 중국 땅에 중국의 소수 민족이 세운 나라라고 주장하면서, 고구려를 중국의 역사에 포함시키려고 했지. 이런 일을 '동북 공정'이라고 하는데, 사실 간도와 연관이 깊어. 간도에 사는 조선족이 중국에서 떨어져 나가 우리나라와 가까워지는 것을 경계했기 때문이지.

간도는 어떤 곳일까?

　1712년 우리나라와 중국, 그러니까 당시 조선과 청나라는 두 나라 사이의 경계를 정해 백두산 위에 비석을 세웠어. 이 비석을 '백두산정계비'라고 하는데 여기에는 "서쪽으로는 압록강, 동쪽으로는 토문강을 국경선으로 한다."라는 내용이 쓰여 있어.

　간도 지역이 문제가 된 건 조선 시대 말이었어. 조선은 백두산정계비의 토문강이 간도의 중심을 흐르는 쑹화강에서 갈려 나온 강이므로 동간도는 조선의 영토라고 주장했어. 반대로 청은 토문강은 두만강이므로 동간도는 청의 영토라고 주장했지.

　그러던 중 우리나라의 주권을 빼앗은 일본이 중국에서 철도를 건설하고 탄광을 개발하는 권리를 얻는 대가로, 간도를 제멋대로 중국에 넘겼어. 그렇게 간도는 우리의 의지와는 상관없이 중국 땅이 되어 버렸어.

　1945년 독립한 후에도 우리나라는 간도 땅을 되찾지 못했어. 남한과 북한으로 나라가 나뉘면서 간도는 완전히 잊힌 땅이 되었지.

아는 만큼 단단해지는 우리 국토와 주권

　간도 문제는 지금으로서는 해결하기가 쉽지 않아 보여. 현재 우리가 주권을 행사할 수 없는 곳이거든. 하지만 우리나라가 통일이 되면 어떨까? 역사 전문가들은 중국이 동북 공정에 나선 게 언젠가 통일된 남북한이 간도를 되찾겠다고 할 것을 걱정해서라고 생각해. 그래서 우리 고대 국가들의 역사를 자기네 역사에 끼워 맞추고 있다는 것이지.

　그러면 우리는 어떻게 대처해야 할까? 왜 우리나라 주위에는 이렇게 힘센 나라들만 우글거리는지 모르겠다고, 우리 땅과 역사를 넘보는 중국과 일본에 화를 내면 되는 걸까?

영토 분쟁, 역사 왜곡 같은 국가 간의 문제를 해결하는 데 있어 화를 내거나 모른 척 무시하는 건 아무런 도움이 안 돼. 이웃 나라는 우리가 선택할 수 있는 게 아닌걸. 교실에서의 자리처럼 한 학기만 참으면 바꿀 수 있는 것도 아니고.

가장 좋은 해결 방법은 우리 국토가 어디서부터 어디까지인지, 우리 국토와 국민과 주권에 관련된 문제에는 어떤 것이 있는지 두루 관심을 가지는 거야. 그리고 우리나라가 처한 상황을 바로 보고 제대로 이해하려고 노력해야 해. 그래야 일본이나 중국이 억지 주장을 펼 때 잘못된 점을 찾아 고칠 수 있을 테니까 말이야. 어때? 이제 우리나라의 역사와 지리에 대해 더욱 알고 싶어지지 않니?

더 알아보기

 ### 사이버 외교관 반크

우리 땅과 역사를 바로 알려라!

반크는 전 세계 사람들에게 우리나라를 제대로 알리기 위해 만든 사이버 외교 사절단이야. 외국의 지도나 웹사이트에 우리나라의 '동해'가 '일본해'로 잘못 실려 있는 것을 바로잡고, 독도가 우리 땅이라는 것을 알리는 활동을 하면서 널리 알려졌어.
반크 회원들을 '반키'라고 부르는데, 우리나라 사람이라면 누구나 반키가 될 수 있어. 실제로 초등학생부터 노인에 이르기까지 수많은 사람들이 우리나라의 사이버 외교관이라는 자부심으로 열심히 활동하고 있단다.

반크 회원들이 독도를 둘러보고 있어. 반크는 독도 문제를 해결하기 위해서는 먼저 세계 사람들에게 한국에 대해 잘 알려야 한다고 말해.

반크가 되찾은 동해, 그리고 우리 역사

반크는 우리 영토나 역사, 문화와 관련해 잘못된 내용을 싣고 있는 전 세계의 주요 인터넷 사이트나 출판사, 신문, 잡지사 등에 항의 메일이나 편지를 보내서 수정을 요청하고 있어. 최근에는 일본 군국주의를 상징하는 깃발인 욱일기를 스포츠 경기 응원에 쓰거나 옷이나 포스터 등에 사용하는 것을 반대하는 운동을 하고 있어.

반크의 홈페이지야. 우리나라와 관련된 잘못된 내용을 고치는 활동을 넘어 올바른 한국 역사 자료를 전 세계 외국인들에게 배포하는 활동을 하고 있어.

반크의 다양한 활동은 블로그에서도 만날 수 있어.

★ 알쏭달쏭 낱말 사전

삼국사기

고려 시대의 학자 김부식이 왕의 명령을 받아 신라, 고구려, 백제 삼국의 역사를 기록한 역사책이에요. 우리나라에 남아 있는 가장 오래된 역사책으로 삼국의 정치, 전쟁, 외교뿐 아니라 지진, 홍수, 태풍 같은 자연재해에 대한 내용을 담고 있어요.

고려 시대의 승려 일연이 쓴 역사책인 『삼국유사』와 달리, 『삼국사기』는 신화나 전설은 다루지 않아요. 단군 신화도 빠져 있지요.

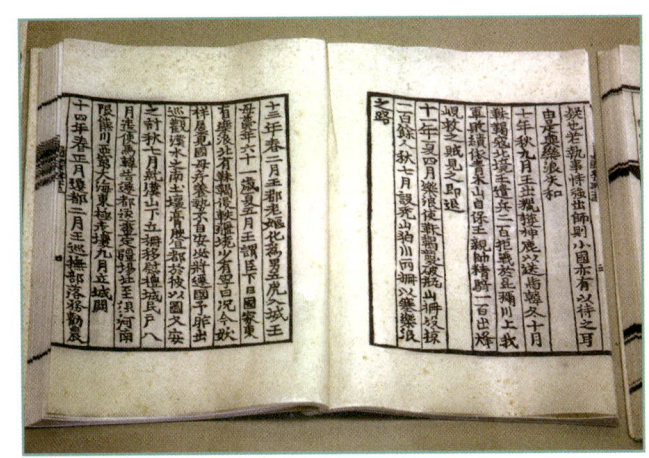

소수 민족

여러 민족이 모여 사는 국가에서 상대적으로 인구수가 적고 언어와 관습이 다른 민족을 말해요. 중국은 수많은 소수 민족으로 이루어진 나라예요. 국민의 대다수를 이루는 한족 외에도 좡족, 만주족, 후이족, 먀오족, 위구르족, 몽골족, 조선족 등 55개의 소수 민족이 살고 있지요.

중국 지린성 동부에 있는 옌볜 조선족 자치주는 주민의 3분의 1 이상이 조선족이에요. 조선족은 중국에 사는 우리 민족이지요.

우산국

삼국 시대에 울릉도에 있던 나라로, 512년 신라에 멸망했어요. 『삼국사기』에는 신라의 장군 이사부가 우산국을 공격한 이야기가 나와요. 이사부는 나무로 만든 사자를 배에 나누어 싣고 우산국 해안으로 가서 항복하지 않으면 사자를 풀어 놓겠다고 외쳤어요. 그러자 우산국 사람들은 나무 사자가 진짜인 줄 알고 신라에 항복했다고 해요.

울릉도는 화산이 폭발해 만들어진 섬이어서, 평지가 거의 없고 해안은 대부분은 절벽으로 이루어져 있어요.

역사 왜곡

역사를 자신들에게 유리하게 거짓으로 다시 지어 쓰는 일이에요. 예를 들어 일본은 일제 강점기에 우리나라의 곡식, 문화재, 지하자원을 빼돌리기 위해 세운 철도와 공장 등이 우리나라를 발전시켰다고 역사를 왜곡하고 있어요.

역사 왜곡으로 문제가 되고 있는 일본의 역사 교과서예요. 우리나라를 비롯해 중국 등 아시아 여러 나라들의 항의에도 일본의 역사 왜곡은 점점 심해지고 있어요.

⭐ 도전! 퀴즈 왕

다음 중 독도와 간도에 대해 바르게 설명한 글을 찾아보세요.

❶ 독도는 울릉도와 함께 신라 시대 때부터 우리나라의 국토였어요. 신라의 이사부 장군이 울릉도와 독도에 있던 우산국을 정복한 일은 『삼국사기』에도 나와요.

❷ 한 나라의 영토에서 12해리까지를 배타적 경제 수역이라고 해요. 그 나라만 물고기를 잡고 바닷속의 지하자원을 캐는 경제 활동을 할 수 있는 바다의 경계이지요.

❸ 일본이 독도가 자기네 땅이라고 우길 때마다 화를 내는 대신, 다른 나라 사람들에게 독도가 우리 땅이라는 것을 알리기 위해 노력해야 해요.

❹ 일본이 우리나라의 옛 나라인 고구려, 발해의 역사를 자기네 역사에 마음대로 끼워 맞추거나 없애는 일을 '동북 공정'이라고 해요.

❺ 간도는 우리 조상들이 세운 나라인 고조선, 고구려, 발해가 있던 곳이에요. 하지만 지금으로부터 100여 년 전 일본이 중국에 제멋대로 넘겨주는 바람에 현재까지도 중국 땅으로 남아 있지요.

정답 ❶, ❸, ❺

•사진 제공_ 연합뉴스, VANK, Wikipedia

글쓴이 안현경

서울 대학교에서 지리학을, 이화 여자 대학교 에코 과학부에서 행동 생태학을 공부했다. 어린이 책 출판사 편집자, 대학교 연구원, 지역 신문 기자, 지자체 임기제 공무원 등으로 일했다. 지금은 마을, 지역, 국가 등 다양한 공간 단위에서 아이와 탐험할 거리를 찾고 있다.

그린이 우지현

북한산 아래 작은 마을에서 태어났다. 숲과 도서관을 좋아하고, 날마다 그림을 그리며 살고 있다. 쓰고 그린 책으로 『울보 바위』, 『느릿느릿 도서관』, 『걸었어』(공저), 『내가 태어난 숲』(공저) 등이 있고, 그린 책으로는 『수학 도깨비』, 『아빠와 함께 걷는 문학 길』, 『마고할미네 가마솥』, 『위기일발 지구를 구한 감동의 환경 운동가들』, 『송곳니의 법칙』 등이 있다.

6 국토와 주권

사회는 쉽다!

1판 1쇄 펴냄 2013년 10월 23일   1판 6쇄 펴냄 2021년 5월 27일
2판 1쇄 펴냄 2022년 4월 20일   2판 3쇄 펴냄 2024년 4월 8일
글 안현경 **그림** 우지현
펴낸이 박상희 **편집장** 전지선 **편집** 오혜환 **디자인** 정상철, 정경아
펴낸곳 (주)비룡소 출판등록 1994. 3. 17(제16-849호)
주소 06027 서울시 강남구 도산대로1길 62 강남출판문화센터 4층
전화 02)515-2000 **팩스** 02)515-2007 **홈페이지** www.bir.co.kr
제품명 어린이용 반양장 도서 **제조자명** (주)비룡소 **제조국명** 대한민국 **사용연령** 3세 이상

ⓒ 안현경, 우지현 2013. Printed in Seoul, Korea.

ISBN 978-89-491-2506-0 74300 / 978-89-491-2500-8(세트)